그럼에도 불구하고, 그대를

인문학 시인선 012

그럼에도 불구하고, 그대를
허인숙 시집

제1쇄 인쇄 2024. 1. 25
제1쇄 발행 2024. 1. 30

지은이 허인숙
펴낸이 민윤식
펴낸곳 인문학사

등록번호 제 2023-000035
서울시 종로구 종로19 르메이에르 종로타운 1030호(종로1가)
전화 : 02-742-5218

ISBN 979-11-93485-07-1 (03810)

ⓒ허인숙, 2024
Printed in Seoul, Korea

*잘못 만들어진 책은 본사나 구입하신 서점에서 교환하여드립니다.
*이 책은 저작권법에 의해 보호받는 저작물이므로 저작자와
 출판사의 서면동의 없이는 무단 전재와 무단복제를 금합니다.

인문학 시인선 012

허인숙 시집
그럼에도 불구하고, 그대를

인문학사

시인의 말

성충의 날갯짓을 한없이 부러워하던 유충이 있었다.
아직 융화되지 못한 애벌레는 번데기가 되기보다
날개를 나풀거리며 날아오르는 한 마리 나비가 되고 싶었다.
욕망의 덩어리가 부풀어 오르던 어느 날
애벌레는 제 몸의 실로 칭칭 감아 엮은 고치 속에서
번데기로 탈피했다.
고치 속 번데기는 상상한다.
날개를 펴고 훨훨 날아가는 자신의 모습을
갑자기 몸이 떨린다.
번데기의 몸이 찢겨지면서 비로소 갈망하던 나비가 되었다.
이제 날개가 마르면 어디론가 날아갈 것이다.
나는 날개를 말린다.
그리고 멀리 멀리 날아갈 것이다.
나의 시詩가 안식이 될 수 있는 곳으로….

                        2024 찬란한 봄을 기다리며
                        허인숙

contents

005 시인의 말

010 가을소묘
012 건망증
013 궤도를 이탈하다
014 귀로
015 그리운 이름
016 그대에게 보내는 서시
018 그럼에도 불구하고, 그대를
020 김만석 씨께
022 꿈이 있는 다락방
023 나와 테라스
025 끝없는 이야기
026 낙화
027 낡은 의자
028 내 얘기 들으러 오실래요
030 네가 만든 거리민큼 다가가기 어렵다
031 눈치 빠른 물고기
032 다이어트
033 단상 I
034 단상 II
035 로드킬
036 도로에서 길을 잃고 멈추다 I
037 도로에서 길을 잃고 멈추다 II
038 모노드라마

039　무관심
040　바람과 하늘 사이
041　바람의 아버지
042　밤의 테라스
044　배추와 시금치
045　블랙박스의 기억
046　빗물 지우기
048　새해에는
049　성불 Ⅰ
050　성불 Ⅱ
051　상처 Ⅰ
052　상처 Ⅱ
054　상처 Ⅲ
056　성호를 긋다
057　순간을 노래하다
058　시
060　시계의 미학
061　아침 소묘
062　어릿광대의 여로
063　어머니의 초상
064　언어유희 Ⅰ
065　언어유희 Ⅱ
066　언어유희 Ⅲ
067　언어유희 Ⅳ
068　언어유희 Ⅴ

069 언어유희 Ⅵ
070 여름, 어느 날
071 와락 뿌리 끝이 시리다 Ⅰ
072 와락 뿌리 끝이 시리다 Ⅱ
073 종종, 꿈을 꾼다
074 우리의 계절은 한 번도 만난 적이 없었다
076 유희
077 지치지 않는 소리
078 진공청소기
079 치유하는 시간
080 침묵 바이러스
081 탄식
082 티닌을 기다리다
084 할머니 그림자는 사라졌다

평설
085 우주에서 가장 작은 방의 시 이야기/조명제

가을 소묘

가을은 차양이 반쯤 가려진 창가에 내려앉았다
습관처럼 밥을 먹고, 화장실을 가고 속을 풀어낸다
허물을 벗겨낸 침대를 정리하고 계획 없이 하루를 시작한다
노예처럼 사슬을 끌고 차 속에 몸을 던진다
차들은 줄을 지어 달려간다
거리를 오가는 각인각색의 사람들
저마다 그림자 하나씩을 달고 분주히 걸어간다

후드득 빗방울이 떨어진다
우산이 없는 사람들은 가방을 받쳐 들고 달려간다
빗물이 튄다, 끈 떨어진 진주알처럼 흩어진다
바람이 불어 은행잎이 날린다
빗물 먹은 은행잎은 땅으로 내동댕이쳐진다

내게도 빗물 먹은 은행잎처럼
내동댕이쳐진 날이 있었다
차가운 시멘트 벽보에 걸린 대입시험 합격자 명단
찾을 수 없었던 이름
자음과 모음이 뒤엉켜 춤을 추었다

슬픈 춤사위가

빨랫줄에 걸린 천처럼 펄럭거렸다

나의 삶도 바람이 부는 대로 펄럭거렸다

빗줄기를 걷어낸 햇살은 주홍빛이다

잘 익는 홍시처럼 물컹거린다

물컹거리는 주홍빛은 비릿한 향을 풍기며 산을 넘어간다

건망증

문을 열고 주방으로 간 나는
왜 그곳에 있는지 알 수 없었다
방으로 들어가 연관된 단어나
상관관계를 이룰 만한 것들을
떠올려 봤지만 쉽게 떠오르지 않는다
책을 뒤적이다 모기한테
다리 한 짝을 내어 맡긴 것처럼
머리끝이 주뼛거린다
퇴근길 마트에 들러 사 온 맥주가
냉동실에서 더듬이를 바짝 세우고
탈출의 순간을 기다리고 있다
'탁' 무릎을 치고 주방으로 달려간다
시리디시린 맥주병은 급기야 탈출한다
머릿속에 벌레 한 마리 서식하면서
뇌세포를 갉아 먹고 있다
그날 밤 꿈속에서 맨발로
도서관을 헤매다 돌아왔다
열에 들뜬 나는 알 수 없는 말만 해댄다
스멀스멀 기어 다니는 벌레
매캐하고 안개 같은 화학적 방법으로 질식시키자
나는 가늘고 긴 어둠의 통로를 걸어간다

궤도를 이탈하다

열려진 창문 사이로
날아든 민들레 홀씨 하나
제 몸 묻을 곳이
어디 있다고 날아들었을까
손을 뻗어 그 놈을
바람의 품에 던져주었다
시무룩해진 얼굴로
앵돌아져 가는 그 모습이
못내 아쉬운 듯

귀로 歸路

한 그루 동백나무 서 있다
차가 지나갈 때마다 기다리던 사람
연안을 돌아 나오는 눈시울이 붉다

태양은 아스팔트에 박히고
짓무른 콜타르 끈적끈적한 갈지자
돌아오는 길은 언제나 휘어져 있다

햇빛은 잎 사이를 헤집고
돌아앉은 잎맥의 허리를 끌어안는다
겹겹이 쌓인 먼지는 진드기처럼 붙어
텁텁한 바람에 천식을 앓고 있다

황량한 벌판 지나는 발걸음은
이파리 팔랑거리며 갈증을 달래는 여로
수평으로 흔들리는 거리를 닦아낼 즈음
누렇게 말라버린 잎사귀에서 들려오는 신음
달려가는 발길에 서걱거린다

청초하던 잎사귀도 둥글게 등을 말고 떨어져
지나는 바람을 밀어내며 거리를 비질한다
몸부림쳐도 벗어날 수 없는 자연의 길
수직으로 직하할 수 없는 부름에 대답한다
뿌리를 박은 땅심이 훈훈한 바닷가
헉헉거리는 바람에 발가락이 간지럽다

그리운 이름

구름이 가슴을 포개고 흘러간다
도서관에 앉아 책을 읽다가
졸음과 씨름을 할 때도
구름은 태연하게 흘러간다
어릴 적 엄마의 푹신한 솜이불을
뜀틀처럼 뛰어 넘기도 했다
몽실몽실 솜사탕
한입 가득 뜯어 넣으면
사르르 녹아드는 달콤함
구름…. 솜이불…. 솜사탕과
조화로운 엄마의 젖내음
가만가만 잠속으로 빠져들어
향긋했던 엄마 품속으로 파고든다
열여섯 된 딸아이의 몸을 씻겨주던
그때의 엄마 손결도 더듬어 본다
엄마.
눈을 떠보니 그날의 말갛던 물방울이
책갈피에 튀었나 보다

그대에게 보내는 서시 序詩

눈 감아 볼래요?
그대를 위한 세레나데를 불러 줄 순 없지만
하루의 끝에 앉아 그대와 함께 감미로운 음악을 들으며
달콤하게 하루를 마무리할 수 있으면 좋겠어요.

손 내밀어 볼래요?
그대와 함께 두 손 깍지 끼고
초록이 푸른 들판을 마구 달리다
숨이 턱밑까지 차오르면 서로 끌어안고, 서로의
호흡을 느끼며 웃을 수 있으면 좋겠어요.

나를 봐 줄래요?
웃는 모습만 보아도
단풍처럼 깊어지는 내 마음을
발그레한 얼굴로 수줍게 보여 주고 싶어요.

귀 기울여 볼래요?
그대 가진 마음 중 한 개만 주어도 감사히 받으며
이따금씩 들려오는
휴대폰 건너 목소리에도
두근거리는 이 마음을 들려주고 싶어요.

전해 줄래요?

그대의 눈을 통해

나의 행복해하는 모습을 보고 싶은데

곁에 없는 그대에게 작은 바람 하나

잔잔한 바람결에 그대의 마음

한 조각 살포시 띄워 보내줄래요?

그럼에도 불구하고, 그대를

출근길은 눈부신 그를 쫓아가는 것부터 시작이었다
동공을 찔러댔고, 찔린 동공은 부옇게 흐려졌다
태엽 감긴 기억은
운동장에서 조회를 하다 비틀거리고 있었다

그날도 그로 인해 온몸을 뜨겁게 샤워하고
간신히 플라타너스나무 아래로 옮겨 피할 수 있었다
어느 날은 손바닥으로 가리고 벗어나려고 했다

귓바퀴가 빨간 그는 분화구같이 열기를 뿜어내고 있었다
나를 원하는 걸까, 그를 위해 모든 걸 던져줄까
그러기엔 너무나도 먼 곳에 서 있다

찬바람이 불던 겨울에도 변함없이 그 자리에서
광채를 번득이고 있었다
숨바꼭질이라도 하듯 사라진 날은 몸에 찬 기운이 감돌았다

피할 수 없으면 뜨겁게 사랑하자
미명을 뚫고 환하게 얼굴을 드러낸다, 참으로 해맑다
그를 향해 우뚝 선 내 그림자는 길어진다

길어진 그림자가 벌떡 일어나 하늘을 향해 손가락
을 휘젓는다
　계란 노른자 같은 그가 미끄럼 타듯 산을 넘어간다

　출근길 그를 다시 만났다
　온몸으로 그를 받아들인다
　그는 참으로 따스하다

김만석 씨께*

당신을 만나기전 나는
누군가의 사랑을 받아보지 못한
이름도 없는 송씨 할머니였습니다

미명을 뚫고 쿨럭거리는 오토바이를 타며
언덕길을 오르는 당신을, 매일 같은 시간
같은 장소에서 스쳐 지났지만
서로에 대해 알지 못했습니다

어느 날 오토바이가 가교(架橋)가 되어 주었고
당신의 오토바이 소리를 들으며 하루를 시작하는 것이
크나큰 기쁨이 되었습니다

글을 읽을 줄 모르던 나에게
그림편지를 창문 너머로 던지고 간 당신
송이뿐이라는 이름을 갖게 해 준 당신
정말 고맙습니다

생일 선물로 건네준 머리핀은, 언제나 당신이
내 머리를 매만져 주는 고운 손길 같습니다
당신의 오토바이가 사립문 밖에서 거친 기침을 하며

달려오는 꿈을 지금도 꿉니다

당신은 환한 미소로 나를 부릅니다
만석 씨, 당신이 계신 그 곳은 편안한가요
이제 당신의 손을 잡고 먼 여정을 떠나려 합니다
그대를 사랑합니다

*2011년에 상영된 영화 '그대를 사랑합니다' 남자 주인공 이름

꿈이 있는 다락방

11시 05분
나무계단에 쭈그리고 앉아 열린 창을 통해 밤하늘을 본다
희뿌연 달의 양 볼이 빨개진다
다락방으로 이어진 나무계단에는 새싹이 자란다
새싹은 벽을 타고 뻗어가다
태몽에서 본 뱀처럼 몸을 휘감다 사라진다
사라진 새싹이 귀에서 삐죽삐죽 돋아난다
돋아난 싹에서 꽃이 핀다

꿈을 꾸었다
다락방으로 이어진 계단을 오른다
두 자매가 사는 공간을 드림층이라 부른다
그들의 공간은 언제나 연회장이다
달빛이 들어와 천장에 오선을 그린다
부양하듯 떠올라 천장에 발을 딛는다
홀 속으로 빠져든다
음악소리가 파문을 그리며 퍼져간다

계단을 내려온다
새싹은 계단에서 화석이 된다
잠에서 깨어보니
벽에 걸린 시곗바늘이 숨차게 달려가고
주위엔 나비들이 날아다닌다

나와 테라스

테라스에 앉아서 하늘에 방점을 찍는다
손바닥으로 눈을 가리자
손가락 사이로 비늘 같은 구름이 떠간다
서쪽으로 넘어가는 해는
온 힘을 모아 열기를 뿜어낸다
어김없이 떠오르는 태양이지만
마음의 온도에 따라 스며드는 열감이 다르다
낙조를 바라보며 어지러운 생각들과
밀려오는 혼란함에, 곧 무너질 것 같은
내 의지를 바르게 세우고 단단하게 다독여 본다
바람이 불어 걱정거리로 가득 찬 마음의 갈피를
한 겹 한 겹 넘기고 쌓인 먼지 털듯이 털어낸다
아직 어둠은 내리지 않았는데
주차장엔 차들이 하나 둘 자리를 채운다
뚜벅뚜벅 계단을 오르고
피로한 그림자도 축 늘어져 따라 오른다
나도 그림자를 챙겨서 들어가야겠다
테라스를 휘감고 부는 바람이 시원하다

끝없는 이야기

초저녁 서쪽하늘 초승달 떠 있다
자작나무는 초승달을 사모했다
초사흗날 머물다 떠난
달그림자를 끌어안고 울었다
지축을 흔들던 포효咆哮
달을 보며 품은 연정戀情이 가지마다 열꽃을 피웠다

가지를 뻗어 하늘을 오르고 싶었다
가지 끝으로 허공을 저었다
가지 끝에 잡힌 것은 바람의 살결
바람의 노래는 위로가 되지 않았다

초저녁 산기슭 자작나무 서 있다
초승달은 하늘 아래 자작나무의 연가戀歌를 들었다
가슴은 부풀고 몸은 차올랐다
매일 모습이 변했지만 자작나무를 향한
사랑은 변함이 없었다

자작나무는 변해 가는 달의 모습을 알지 못했다
달은 부푼 마음이 가라앉아 갔다
몸은 자꾸만 야위어 갔고

어느 날 어둠속에 몸을 감추었다
바람도 달을 알아보지 못했다

다시 초저녁 서쪽하늘 초승달 떠 있다
하늘 아래 산기슭 자작나무 서 있다
초승달은 살포시 자작나무 어깨에 걸터앉았다

낙화

바람이 불 때면 모과나무 한 그루
울음에 슬픈 곡조가 있었다
끝내 털어내지 못한 잎사귀는
번데기처럼 몸을 웅크리고
소통의 빗장을 건다
안으로 우주를 만들고 자신의 범위를 넓혀
내일은 바람에 몸을 묻을 것이다
모과나무에 세 들어 사는 번데기는
바람 부는 날 제 몸을 비벼
우우우 하늘마저 울었다
하늘이 낮아지고 빗물이 스며드는 날
뚜벅뚜벅 발자국 소리 들려
둘러보니 사위는 온통 잿빛
어둠에 익숙해진 번데기는 동공을 확장 시킨다
날이 선 채 말라죽은 잡풀의 혼령
늘어진 그림자는 삭정이를 끌어안고
어둠을 타고 올라와 번데기의 목을 조른다
툭 하는 신음 呻吟
번데기는 낙화했다 그날 이후
바람이 불어도 모과나무는 울지 않았다

낡은 의자

시간의 찌꺼기는 묵은 때를 남긴다
삐걱거리는 절규로 고달픈 하늘을 받들고
어제와 오늘 찰나의 경계를 긋는다
곧고 푸르렀던 지난 기억을 망각한 채
노인처럼 풀 죽어 쭈그리고 앉아
당겼다 놓친 기대의 끈
덜거덕거리는 현관문이 종일 몸을 기대와도
긴 한숨 내뱉으며 제 등 토닥이고
한 가닥 바람이 시치미떼며 머물다 가더라도
휜 허리 내어주며 마른눈만 껌벅인다
박새 한 마리 날아와 콕콕 찍어 생채기를 남겨도
옷고름 풀어 감싸 안으며 발그레 붉어지는
그대의 뽀얀 가슴

내 얘기 들으러 오실래요

번잡한 생각들이 빨래처럼 펄럭인다
생각의 귀퉁이 한 올을 당겨서 술술 풀어내면
풀린 실올들이 민들레 홀씨처럼 흩어진다

빗방울이 바닥을 치며 튕겨 올라
또로록 나의 발등에 입술을 댄다
차가운 혀끝이 스치니 몸소름이 돋아난다

쓰디쓴 사랑에 시럽을 크게 한 스푼 넣으면
뇌가 녹아내릴 만큼 달달한 사랑이 될까

나는 늘 감정의 반을 드러내지 못하고
마음의 창고에 저장한다
반쯤 남아 있는 내 그릇은 채우는 대로 물들어 간다

늦은 가을 어느 날 흩어지는 낙엽 한 장
살포시 내려앉아 잇속을 드러내고
또 어떤 날은 뚜벅뚜벅 발자국 소리 들리더니 발도장을 찍는다
나는 찍는 대로 모양이 남는다

생각의 끝을 한 번 꼬아서 붙여
앞만 보며 달려가다 보면 원점으로 돌아온다
안과 밖을 구분 할 수 없는 우리는 뫼비우스의 띠

우리는 반으로 잘라도 떨어질 수 없어
오히려 더 큰 원이 되는 거지
무섭지 않니

복잡한 생각들은 실타래에 눈덩이만한 뭉치를 만들고
여기저기 흩어진 편린들은 어둠이 내리자
발걸음을 집으로 돌려 아직 온기가 남아있는
식탁에 앉아 재스민차를 마신다
나의 방 안에 촛불을 밝혀 둘게요 오실래요

네가 만든 거리만큼 다가가기 어렵다

한때 우리는 뜨거웠다
종일 너만 쳐다봐도 지칠 줄 몰랐고
우리의 온도는 점점 올라갔다
때론 두근거리고
때론 숨차고
너의 파동에 반응하는
나의 심장 뛰는 소리 들으면
너의 몸짓은 더욱 매력을 발산했다
우리의 거리를 좁히려고
가진 것을 모조리 주었다
욕심은 자꾸만 커져 갔고
닿을락말락 숨소리는 거칠어졌다
하지만 너의 심장은 차가워졌고
나에게 보냈던 달콤했던 눈빛도 식어버렸다
이대로 멈춰야 하나
더 이상 줄 것이 없어지니
매정하게 밀어내는구나
그래 이제 가버려
눈물 머금고 보내야 하는 너의 이름… 주식

눈치 빠른 물고기

터벅 터벅

녀석이
물 밖에서 들려오는 발소리에
입맛을 다신다

푸웅덩

녀석은
약삭빠르게 미끼를 따먹고
트림을 하는데
낚싯대를 든 태공은 가벼워진 무게를
눈치 채지 못한다

발소리만 들어도
적선하러 온 태공인 줄 아는데
오늘도 허탕이라며
낚싯대만 탓하고
터벅 터벅 돌아서 가는 태공

다이어트

마지막 한 숟가락을 놓아야 했다
새해에 지킬 약속을 정해놓고
하루를 꼬박 굶었다
TV에서는 걸그룹 가수들이
늘씬한 다리를 드러내고 춤을 추었고
머슬마니아들이 뒤태를 자랑했다

24인치 허리사이즈를 하고도
허리띠를 졸라맨 때가 있었다
재채기를 하다가 단추가 터졌다
허리살이 토사물처럼 쏟아져 나왔다

아파트 지하1층 휘트니스센터 등록을 했다
러닝머신 벨트는 거친 숨을 뱉으며 달려갔다
등골을 타고 흐르는 땀방울은 날개가 된다
발끝이 가벼워진다

허리라인이 드러난 원피스를 입고 싶었다
지퍼가 등줄기를 타고 올라가다가 멈추었다
숨을 들여마시다 멈춘다
인형의 몸처럼 살고 싶다, 잘록한 콜라병 같은

단상斷想 I

어릴 땐 그랬다
빨리 어른이 되고 싶다고
소원하던 어른이 되고 보니
좋은 것만은 아니더라

어제까지는 그랬다
유년시절로 다시 돌아가고 싶다고
지나버린 날들, 돌아올 수 없는 날들
그 날들 속에 나는 이방인異邦人처럼 서 있었다
그때 내가 조금 더 생각이 깊었더라면

지금은 그렇다
하루, 한 시간, 한 호흡 사이에도
감사하며 살아 보리라고

단상 Ⅱ

그림자가 드리운 벤치에 앉아
시간이 어루만져 준 바람의 살결을 더듬는다
거칠고 딱딱했던 땅이 밤껍데기를 벗고 나온
밤톨의 속살처럼 속살거린다
한 뼘만큼 자라난 수국꽃다발이 변덕스레
갈지자로 흔들거릴 때
늘 그랬듯이 하루해는 반쯤 열린 창틈으로 들어와
늘 마시던 아메리카노 잔속에서 일렁이고 있다
작은 일도 생각만으로 그칠 때가 있다
책상서랍을 정리하다 다 쓴 노트를
버리지 못하고 다시 넣어 두는 일
굽이 닳아 버리려고 꺼낸 구두를
다시 신발장에 넣어 두는 일
사소한 것도 뜨거운 태양이 되고, 넓은 우주가 된다
어떤 사람을 처음 만나 그에 대해 알아가는 일
서로의 것을 차례대로 끄집어내 교집합을 만들고
차집합이 되어버린 것들은 다시 다듬어 끌어안는다
시간이 지나면 무거운 멍에가 되어 버릴 인연
그래도 현실에 충실하며 달려간다
더욱 또렷해진 해의 눈동자가 찻잔 속에서 일렁인다
늘 그랬듯이 무거운 내 어깨를 토닥이며 서쪽으로 넘어가는
해의 뒤태는 요염하다

로드킬

한 남자의 면장갑이 로드킬 당했다
차바퀴에 깔린 그것은 DNA를 찾을 수 없었다
어느 날은 시멘트 자루를 날랐을 테고
어떤 날은 쇠파이프를 옮겼을 것이다
그렇지만 남자는 사라진 사실을 눈치채지 못했다
출근길 압사된 그것을 발견하고
점퍼주머니를 만져본다
주머니 속은 헛헛하다
바람이 불자 너덜너덜한 실오라기가
홀씨처럼 날아간다
제 소임을 다한 그것은
어디선가 바람의 이름으로 살아갈 것이다

도로에서 길을 잃고 멈추다 I

빗금을 그으며 낙하하는 빗방울은
메마른 지면地面에 멍 자국을 남긴다

톨게이트 철계단에 부딪치는 빗물은 기호를 만들어
기둥을 사이에 두고 신호를 보낸다

행선지가 다른 사람들, 한 장씩 표를 뽑아들고
라디오에서 들려오는 음악을 들으며
메트로놈처럼 좌, 우로 움직이는
와이퍼 리듬에 맞춰 가속페달을 밟는다

달려온 길을 뒤돌아보지 않고 앞만 보며 달려가는 차들
출발지는 계기판 숫자 속에 묻힌다

내비게이션에 길안내를 맡기고
기계음에서 차선을 변경하라는 신호가 떨어지자
바삐 옮겼지만 진입에 실패했다

목적지는 점점 멀어져 가고 새로운 경로를
탐색하겠다는 짧은 어절만 토해낸다

갓길에 차를 세우고 지나쳐 온 길을 돌아본다
빗방울은 세차게 차창을 후려쳐 빗물로 얼룩지고
갈 길이 막막한 나는 경로를 재설정한다
지나온 길은 곤경에 처해야 문득 뒤돌아 봐진다

도로에서 길을 잃고 멈추다 Ⅱ

카메라 하나 가방에 챙겨 넣고 길을 떠난다
차창으로 보이는 풍경을 쓰다듬으며
교감을 나누고, 우람진 산 능선의
드러난 허리선을 따라 그려 보기도 한다
딱히 정해진 행선지는 없다
그저 길 위에 내가 있기만 하면 되는 것이다

떠난다는 것은
마음의 짐 하나를 내려놓는 것
잠시 그 짐 맡겨두고 길을 떠나본다
그렇지만 기대만큼 쉽지 않다
서툰 운전에 길안내는 내비게이션에 맡겼지만
이내 경로를 벗어나고
'경로를 재탐색 하겠습니다'라는 기계음을 뱉어낸다

어느덧 어둠은 바닥에 깔리고
초승달이 실눈 뜨고 웃어주는 밤
길 위에 붙박여 있는 나는
밤의 숲에서 익숙하지 않은 날갯짓을 한다

모노드라마

무대가 시작된다
불이 켜지고 관객들의 모습이 보인다
잔뜩 기대를 하고 보는 눈들
나는 어떤 얼굴로 무대에 서 있을까
시시때때로 모습이 변하는 나를 알 수 없다
천 개의 얼굴, 천 가지의 생각
나도 알 수 없는 페르소나
나의 신상 자아
관객들은 다른 내 모습에 빠져든다
잘 짜인 대본이 있는 것도 아니다
좀 더 나다운 모습을
좀 더 나스러운 모습을
그들은 원할까
어떤 것이 진실인지
그들은 진실을 알고 싶은 것이 아니다
그저 그들이 원하는 얼굴
그들과 비슷한 모습에 환호를 보내고
박수를 보낸다
그리고 치유를 한다
무대가 끝나고 불 꺼진 객석, 텅 빈 고요
다음날은 어떤 모습으로
관객의 마음을 울릴까
거울과 눈이 마주친다
너는 누구니

무관심

현관 앞에 덩그라니 서 있는 낡은 자전거
부연 먼지를 뒤집어 쓴 채
말문을 닫았구나
지루한 일상을 하품하며
오가는 사람들의 눈길을 끌어 보지만
이미 버려진 것은
다 커 버린 내 아이의 환심을
살 수 없구나
어찌 너 하나뿐이겠느냐
버려진다는 것이
버려진 것들의 설움이

바람과 하늘 사이

당신은 자유로워지고 싶어 하는 한 마리 새였다
가까이 다가가기엔 너무도 냉소적인
나는 자유로이 날아다니다 지치면 쉬었다 가는
마침내 물결 속에서 스르르 모습을 드러내는 여* 였다
자유를 갈망하는 한 마리 새를 위한 안식처
새는 소리 없이 왔다가 흔적 없이 사라지고 싶었다

스산한 탓인지 폐부 깊숙이 눌러둔 바람
디밀고 나오는 촉수가 그립다
이대로 열병을 앓아 버릴 것 같은데
채 물들지 못한 나뭇잎은 거리를 빗질하고
눈 시린 가을하늘
가슴팍을 찔러대는 국화 향기마저 향긋하다

마음의 빗장을 걸어도 시간이 흘러간다
당신과 나 사이에도 어김없이 들려오는
산사에서 댕댕거리는 풍경소리에도 시간이 묻어 있다
바람도 머물던 자리를 떠나면 주위를 맴돌다 가는데
어찌하여 당신은 실낱같은 미련도 남기지 않고 가는가
파문을 그리다 흩어지는 적요는 당신이 남긴 생채기

*여 : 바닷물이 쓸려 나가고 난 뒤 드러난 작은 섬

바람의 아버지

 날아오른 새 한 마리 스포츠센터 지붕 위에 걸터앉아 하루를 관망하고
 좁은 길을 달리던 바퀴는 고인 웅덩이를 절구질한다
 행인들 등은 찬바람에 굽어지고
 바람에 몸이 밀린 느티나무는 웅숭 머리털이 빠진다

 아침에 머리를 감다가 배수구로 빨려 들어가는 머리카락
 이부자리 걷어내고 단장하시는 어머니 방바닥도 거미줄처럼 엮여 있다
 잔주름으로 수를 놓은 손바닥이 홀씨처럼 흩어진다

 멈추어진 시간 속에 나란히 웃고 있는 아버지
 유언처럼 낡은 스쿠터가 남겨졌다
 마실 길에 동행하고 돌아와 잘 손질되어 안방이 마주 보이는 마당에 서 있다
 잘 마른 햇살이 거울에 반사되어 어머니 눈 속으로 들어온다

 다시 바람이 분다
 나뭇잎 하나 어머니 머리 위로 떨어져 미끄러지듯 스쳐간다

밤의 테라스

어둠의 숨결을 칼날이 스쳐간다
한낮의 따스했던 조우遭遇는 봉합되고
밤하늘엔 소금 같은 일그러진 별들이 알몸을 드러낸다
테라스에 앉아 꽁무니를 흔들며 비틀거리는
하루살이의 번뇌煩惱를 읽어 본다
둥글게 원을 그리다 쓰러져 흩날리는 낙엽 같은 생生을 보다
내 삶의 언저리를 더듬어 본다
모난 데 없이 잘 다듬어진 테이블같이
널따란 가슴으로 살았을까
작지만 소박한 옹기처럼
깊은 마음의 뜰을 가꾸며 살았을까
차가운 비수匕首처럼 누군가에게 생채기를 내지는 않았을까
하루살이는 펼쳐놓은 책장 위에
더듬이를 흔들어대며 기어 다닌다
그의 삶은 어둠과 여명黎明의 간극間隙을
뛰어넘지 못하고 미명未明 속에서 흩어지겠지
다시 날아든 나방 한 마리
빛 아래서 날개를 파닥거리며 비늘가루를 털어낸다

그와 친구 되기엔 두렵다
가만 가만 책장에서 더듬이를 흔들어대는
하루살이와 다른 적대감이 느껴져 그만 책을 휘둘러
빛의 사각死角으로 쫓아 버렸다
빛을 좇아 찾아드는 밤손님들
베토벤 로망스 2번 F장조는 끝이 난다
책을 덮고 밤하늘과 인사를 하고
등燈을 끄고 들어가야겠다
깊고 까만 밤이여 안녕

배추와 시금치

가을걷이 끝난 허허로운 벌판에
서리 맞아 시들해진 배추
시금치에게 푸념을 늘어놓는다
잎이 푸르고 무성할 때 인기 대단했네
갖은 양념으로 잘 버무려 수육 올려놓고
새우젓에 쌈장 찍어 곡주 한 잔 곁들이면
수랏상 부럽지 않다고들 했다네
그런데 속이 덜 차 모양새가 초라하다고
밭고랑에 이렇게 남겨졌지 뭔가
잠자코 있던 시금치, 나는 말일세
겉모양이 초라한 것도 억울한데
아이들이 싫어한다고 칼로 다지질 않나
서리 맞아야 달고 맛이 난다고
추운 날에도 한뎃잠을 재우지 뭔가
지난 가을 자네들 보고 부러웠네
그래도 뜨거운 물에 살짝 데쳐
참깨에 참기름 오물조물 무쳐 놓을 때
얇고 탄탄한 김에 고슬고슬한 밥 올려놓고
당근이랑 어묵 여러 채소 한데 모여
돌돌 김밥으로 돌아갈 때가 참으로 좋다네
듣고 있던 배추 이맛살을 찌푸리며
자네와 내가 뜨끈한 된장국에 어우러져
찜질이라도 할 수 있으면 좋겠구려
저기 보시게, 오늘같이 눈 내리는 날
손이 광주리 들고 다가오는 발자국소리

블랙박스의 기억

매일 같은 날짜와 시간으로
리셋 되는 기계가 있다
그 저장고는 2015년 01월 01일 00시 00분

접속사고가 나던 날
검색된 숫자는 모두 같은 날이었다
그 숫자 속에 여러 이야기를 담아두고 싶은
이유는 무엇일까

생의 마지막 가장 소중한 하루를 가지고
갈 수 있다면 어떤 날이 될까
그 소중한 하루를 수집하려고
모든 날과 시간을 리셋 하는 것일까
그 날짜만 떠올리면
실타래처럼 술술 풀려나오는 기억들

책갈피에 잘 마른 낙엽 하나가
따스했던 그 때를 기억하듯
2015년 01월 01일 00시 00분은
아름답게 저장되길 바란다

빗물 지우기

퇴근한 사내가 세탁바구니를 들고
아가리가 넓은 세탁기에
하루만큼의 피로를 던져 넣는다

한 스푼의 가루비누를 털어 놓고
긴 한숨도 함께 뱉어낸다
온기를 잃은 빨래들은 어지럽게 회전한다

주방으로 가 쌓여 있는 그릇들을 씻어낸다
마지막 남은 물은 소용돌이치며
찌든 때 함께 배수구로 빨려 들어간다

휴대폰 진동소리는 날카롭게 긁어댄다
응… 응… 짧게 내뱉는 음절 속에
그녀는 오늘도 늦는 모양이다

냉장고 문을 열어 캔 맥주 하나를 꺼내
벌컥 벌컥 들이키는 거품도 짜증스럽다
목젖을 타고 넘어가다 가시처럼 걸린다

리모컨을 들고 꾹꾹 버튼을 누르다

소파에 누워 화면과 마주친 눈이 잠시 멈춘다
레인코트를 입은 기상캐스터
내일의 일기 예보에 눈앞이 흐려진다

빗방울은 차창에서 오선을 그리며 떨어지고
남편의 잠속엔 아내는 부재중 不在中
눈앞은 와이퍼가 움직인다
맑은 날 빗물을 지워내고 있다

새해에는

나태함을 벗고 좀 더 부지런하게 하시고
겸허한 자세로 타인의 입장을 먼저
생각할 수 있게 하소서

더 낮게 몸을 낮추고
귀를 열어 세상의 소리를 들을 수 있도록 하소서

어둠을 깨워 밝은 빛을 볼 수 있게 하시고
흐려진 판단력을 깨워 현명함을 주소서

시간을 잘 활용할 수 있는 지혜로움을 주시고
변화를 두려워하지 않고 도전할 수 있는
자신감을 주소서

새해에 떠오른 태양이 여느 때처럼 보여도
다르게 볼 수 있고, 늘 새로움을 찾을 수 있는
신성한 눈을 주소서

누군가의 지친 마음을 포근하게 감싸 줄 수 있는
넓고 따뜻한 가슴을 주소서

그러면 저는, 먼 여정 동행同行 할 수 있는
곧고 편안한 지팡이가 되어 드리겠습니다

성불成佛 I

몽글게 자란 모과 열매
속살 드러내고
등이 시린 듯 떨고 있다

제 몸 내어주고
주린 생명에게 포만을 주는
큰 보시布施

성불 Ⅱ

높이 자란 모과나무는
바람이 불면 제 등이 휘어지도록 흔들린다
거센 바람에 흔들리던 어느 날
가지 하나 휘어져 창에 닿아 있다
창밖을 무심코 내다보니
애벌레 한 마리 꼼지락 꼼지락
모과 속살을 갉아 먹고 있다
제 몸 내어 주고 햇살 아래 태연한 그 자태
잠시 눈을 돌린 사이 애벌레는 간데없고
하얀 속살 드러내고 모과만 덩그러니 있다
눈 안에 들어온 미물의 보시布施
나는 얼마나 베풀며 살아왔는지 스스로에게 물어본다

상처 I

1
하얀 도화지에
멋대로 갈긴 낙서
지워도 자국이 남는다

2
무심코 뱉은 말
차가운 얼음조각이 되어
바늘 끝처럼 몸 구석구석을 찔렀다
뚝… 뚝…
그늘진 핏빛

상처 II

공기는 차갑고 퀴퀴한 냄새가 났다
형광등은 커서처럼 깜박였고
바닥에서 들려오는 소리는
빗길을 뚫고 달려오는 거친 차의 신음 같았다
어느 날 삶의 허물을 벗어던지고 웅크리고 앉아
의식의 흐름을 헤아려 보기도 했다
힘이 들 땐 물에 젖은 낙엽처럼
땅에 몸을 바짝 붙여보자
그렇게 바닥에 착 달라붙어 있으면
고통을 이겨내는 법을 알게 될 거야
하얀 셔츠에 물방울이 튀면
얼룩은 남지 않지만
원상태로 돌아가는 데는 시간이 걸리잖아
상처 받았다고 생각하지 말고
뇌리에서 기억을 놓아주자
처음부터 그것은 없었던 것처럼
그래도 힘이 들 땐 소리를 질러봐
가슴 속 밑바닥에 가라앉은 앙금들을 끌어올려
세상을 향해 포효하는 거야
비라도 내리면 온몸으로 맞아봐
그러다 보면 가슴 속에서 툭하고 웃음이 나올 거야

그 순간 작은 씨앗 하나를 발견할거야

가만히 다가가 집어 올려봐

그 씨앗은 싹을 틔울 거야

너의 마음이 한 단씩 성장하고, 그 싹은 점점 자라

탄탄해진 너를 더 든든히 지켜 줄 강한 힘이 될 거야

상처 Ⅲ

거짓을 말하고 나면
심장은 몇 데시벨로 울려댈까
비양심이 양심을 삼켜버린 순간
설정된 알람은 소리를 지른다
"당신의 양심 온도는 영하 5°C입니다"
얼음을 녹여 꺼낸 심장은 딱딱하게 굳어 있다

시계추만 빈 방을 달린다
텅 빈 공간에 분주하게 움직이는 시침
타협은 없다
멈추면 과거와 현재가 뒤죽박죽
과거의 자아와 현재의 자아가 머리채를 뜯고 싸운다
한 움큼 뜯겨난 기억의 조각

진실은 모나미펜 끝에 뜯겨나간 껍딱지
그 어떤 기대도 없다
그 어떤 미련도 없다
굴욕의 덩어리만 자꾸 커진다

"처방전이 발급되었습니다"
따스한 햇살아래 박장대소 3알

숨이 찰 만큼 힘껏 뜀박질 2알

심연에 깔려 있는 화는 끌어올리지 마십시오

과도한 아드레날린 분출은 회복을 더디게 할 뿐입니다

기억에서 사라지는 절망

심장은 조금씩 뜨거워지고 있었다

성호 聖號를 긋다

어항 속 물고기는 떠났다

식탁에 모인 가족의 대화를 들었다
"이사를 앞두고 방생放生합시다."
"가족이니까 데리고 갑시다."
가족의 성화에 못 이겨 방생을 결정했다
다음날 그는 홀연히 떠나 버렸다

2년 전 집으로 온 그는
혼자서도 어항 속을 유유히 헤엄쳐 다녔다
며칠 먹이를 주지 못해도 견뎌냈고
물갈이 하지 않아 어항이 탁해도 견뎌냈다
그렇게 꿋꿋하게 살아준 그이었기에
어떤 고통도 다 이겨 낼 줄 알았다
그렇지만 방생한다는 가족의 대화를 듣고
그는 생명의 끈을 놓고 말았다

물고기가 없는 식탁은 쓸쓸하다
습관처럼 그를 찾는 시선도 여전하다
빈 어항만 덩그러니 그를 어루만지고 있다

순간을 노래하다

책상 서랍을 정리하다
필름 속에 담긴
이야기를 읽는다

작은 키가 싫어 발뒤꿈치를 들고 선 큰딸
눈을 동그랗게 뜨고 브이를 그린 작은딸

바삐 가던 시간도
그 속에
발목 잡혀
낯익은 얼굴로 서 있다

시詩

온종일 떠올려도 한 줄을 뽑아내지 못했다

목이 말라 길어 올린 두레박 속에서
붉은 해가 물장구를 쳤지만
한 줌 퍼 내지 못했다

산통보다 더 고통스러운 것이
너를 창작하는 일이라고

나의 긴 하루 중에서 너를 만날 수 있는
확률은 0.001%도 못 되고

온전한 너를 완성하기엔 여러 달을 꼬박
두꺼운 책들을 뒤적여야 했다

책장의 책들은 아우성을 쳤다
쉼 없이 그들을 만나도
그들은 답을 알려주지 않았다

그러거나 말거나 시간은 흘러갔다
내 속을 아는지 모르는지

무심코 길을 가다 발에 채인

돌의 뼈에서 고통을 읽어 낸다

매일 이렇게 숱한 사람들의 발길에 채인

돌의 귀퉁이는 닳아간다

너를 만나지 못하는 나의 속이

까맣게 타 들어가듯

돌의 귀퉁이도 까맣게 타다 무디어 간다

그러다가 어느 날 섬광처럼 번뜩이는 한 줄

낚싯대를 끌어 올리듯

풀었다 당겼다를 반복한다

언어의 겨드랑이를 간질이면

살 살 풀어내는 시어들

그 속에서 쌀알 같은 시어를 주워

행을 이어가고

연을 풀어내어

알토란 같은 시詩를 만난다

시계의 미학

벽에 걸린 시계는
1초마다 신음을 하면서 흘러간다
가슴을 울려 소리를 내는 시계는
어느 날 절규絶叫한다

하루에 스물네 번을 만나고도
당신을 닮을 수 없습니다
당신을 향해 얼마나 더 달려야 닮을 수 있습니까

당신은
두 번의 원을 그려 놓고 말했습니다
"아직 멀었다"

당신을 한 번 만나기 위한 예순 번의 떨림
그것마저도 저는 너무나 숨이 찹니다
차라리 당신을 닮을 수 없을 바엔
둘이 마주선 채로 멈추어 버렸으면 좋겠습니다

"멈춰버린 시계바늘은 시간을 멈추는 것이 아니라
시간을 가슴으로 끌어안는 것이란다"

아침 소묘

햇살이 앞마당에
수줍은 듯 자리를 폈다

벌들은
나팔꽃 사이를 분주히 드나들며
때늦은 찬거리를 장만하고
옥수수 밭을 미로 찾기 하던 암탉들은
제 알들을 감추고
시치미를 떼고 있다

산 너머 하늘이
먹구름을 끌어안고
달려온다

후두두둑
빗님이 오신다

졸린 흙마당은
빗물 세수를 한다

어릿광대의 여로

나뭇가지 하늘 겨드랑이를 간질일 즈음
붉어진 얼굴로 사다리 타고 내려앉은 태양
혀 내민 그림자 비켜 앉아
잘 익은 농주 사발 들이키고
지루한 한나절 안주꺼리로 탈춤을 춘다

밭둑에 쪼그린 아낙의 얼굴을 짓궂게 내리비추고
마른 시간 계급장 달아준 기미를 들추어도
춤사위 보내는 비늘처럼 달라 붙어있다

바람을 저울질하며 고개 내민 잔풀을 보고
짓궂은 대왕은 그냥 둘 리 없다
어깨를 걸고 씨름을 할까나
텁텁한 막걸리로 술 겨루기를 할까나

그림자는 늘어진 고무줄 마냥 길어지고
힘 빠진 간짓대 끝에 걸린 하늘을 발견하고
슬그머니 꼬리를 감추어 볼까나
익살스런 날개 접고 새참이라도 먹었는지
동산 먼저 넘어갈 채비 한다

어머니의 초상肖像

해는 하늘 허리에 머문다
나뭇가지 바람의 귓속을 간질이고
홍조 띤 밭둑에 앉은 어머니의 콧등에 머문다
뻣뻣하게 식은 밥 한 덩이, 김치 몇 가닥으로
한 끼를 때우는 어머니
밭둑에 널린 것이 찬거리건만
저것들 팔면 딸아이의 운동화 한 켤레
저것들 돈 사면 두 아들의 꿈이 가득
거스러미진 손끝에 호랑가시의 포효처럼
날이 서고, 설움이 배어도
식은 밥덩이는 목젖을 타고 달게 넘어간다
어머니의 굽은 허리를 감던 바람은
밭고랑을 휘돌고, 동네 어귀로 달음질쳐
정자 아래 노인의 장기 알에 머물다 졸린 듯 낮잠을 잔다
어느 새 해는 하늘의 발끝으로 떨어지고 있다

언어유희 I

책 속 언어들이 갑자기 술렁거리다가
몸 밖으로 와르르 쏟아진다
자음과 모음은 분열을 하더니
각기 다른 형태소와 집단을 이루어
서로 다른 모습으로 변형한다

기차놀이하듯 꼬리에 꼬리를 물고
혀를 날름거리기도 하고 서로 조롱하다가
모습을 바꿔 원시언어가 되고
뜻 모를 문자로 수정受精한다

한동안 말장난을 하던 단어가 눈을 뜨고
손길 스치는 입술이 떨린다
'ㅂ' 과 'ㅣ'가 만나 '비'를 만들어
몸을 씻어내고 제자리로 돌아가 주위에 정렬한다

죽음으로써 형상화된 언어 서로 닮은꼴을 찾아
엇비슷하게 짝짓기를 하고
차바퀴에 깔려 압사 당한다
이른 아침 조간신문에서 모음의 부고를 접하고
울음은 지면에서 문자가 되어 웃고 있다

언어유희 Ⅱ

늪 속으로 발목이 빨려 들어가 무릎이 잠기고
흔적조차 찾을 수 없을 만큼 무력이 짓눌러 올 때
슬머시 밀쳐둔 메모지를 펼쳐든다
낯빛이 익어가던 어느 날
곯아빠진 과즙으로 혀끝을 적셔도
눈 하나 깜짝 않더니
무르팍이 시리고 삐걱거릴 즈음
그때서야 찾아와 온몸 적셔주고 있다

명료화 되지 않은 문자들은 종이 위를 질주하고
버둥거리며 끌려온 언어는
구겨진 채 쓰레기통으로 던진다
하루에 수십 번 바람의 연인이 되고
날아가는 새들에게도 마음 한 자리 비워주는
닳아버린 싸리비 같은 순정
적선인가 바람의 동정인가

몸이 부푼 쓰레기통은 구역질을 해대고
화염 속으로 토사물을 뱉어낸다
가지 끝에 달린 혹에 물이 스미지 않는 것은
소화되지 않은 신조어들
꼭지가 떨어져 나간 조사들 한데 섞어 불꽃이 된다
간신히 몸을 피한 몇몇 질 좋은 자음은
어둠이 깔리면 거리를 헤맨다

언어유희 Ⅲ
-아껴둔 말

1
기억이 흐려지면 출렁이던 그리움이 잠들어 버린다
깊은 잠이 들어 심연으로 빠져들면
바늘 하나에 두 마리 물고기가 먹이 사슬처럼 걸려들고
비늘에 스민 절규는 푸른 눈물을 흘린다

낮잠을 달게 자고 일어나 꿈에서 건져 올린 물고기
한 마리 쳐다본다 파닥거리는 것이 심장 뛰는 소리 같다
비늘 끝이 예리해 손끝을 스치면 핏물이 들겠다
서슬 푸른 칼끝에서 낭자하는 눈물방울

2
벌어진 틈에서 어둠이 흘러나온다
태고의 설움과 외로움 질료화되지 못한 채 과즙처럼
흘러내린다 어둠의 귀퉁이는 너덜너덜 닳아
침침한 전등 아래 육신을 떨고 있다

운신조차 힘들다 수족은 마비되었고 뻣뻣해져 가는 혀로
뇌가 내린 명령을 전달한다 사… 랑… 해…

언어유희 IV
-이유理由

코끝을 간질이는 바람이 소리 없이 스쳐간다
빗물 맞은 철기둥이 부식된 것은
이유가 있는 것은 아니다
불현듯 무슨 이유인가
전화를 걸다가 말 가시에 찔리고 말았다
"이유가 없다……."
말가시는 왼쪽 가슴 언저리에 박혔다

신문을 뒤적이다 구겨진 단어들을 주워본다
자음과 모음의 결합으로 연애할까
궁합이 잘 맞은 단어는 신조어가 되고
궁합이 맞지 않은 단어들은 사전에서 사라지고
만남과 이별하는 것은 분명 이유가 있을 것이다
인연이 다했다고 이유가 없어져 버리는 것인가
아직 나는 끝나지 않았는데

전화기를 들어 숫자를 꾹꾹 눌러본다
숫자는 숨바꼭질한다
커서가 깜박이듯 심장이 두근두근
마음 주파수를 번호 맞춰본다
허공을 맴돌다 전해지는 지지직거림은
지독한 그리움으로 까맣게 덧칠한다
그대의 수신 주파수 나의 발신 주파수
숫자의 열거, 숫자의 유희, 촉수는 자꾸만 뻗어 간다

언어유희 V

-시詩

이것은 설정이다

음악을 듣고 시집을 꺼내 읽고

이어폰을 끼고 베토벤 로망스 2번 F장조를 듣는다

책상에서 일어나 알파룸으로 자리를 옮긴다

팽팽해진 끈을 당긴다

조금만 더 힘을 주면 터질 것이다

잡은 끈을 놓아야 하나, 놓아버리면

깊숙이 잠든 시詩를 끌어 낼 수 없다

어렵게 끌어낸 한 행行은 비실거리다

키보드 자판 위로 흩어진다

손가락의 터치로 모니터에 차례대로 달라붙는다

이어폰에서 들려오는 음악소리에 맞춰

어절語節들은 짝을 바꾸며 춤을 추다가

행行과 행行 사이를 넘나들며 연聯으로 구분된다

숨이 차오른다

연주는 클라이맥스로 치닫고

시구詩句들은 마구 쏟아져 나와 모니터로 달려간다

비로소 한 편의 시詩는 온전한 내 것이 된다

언어유희 VI
-그대를 사랑합니다

가벼운 것들은 느리게 흘러간다
나지막이 몸을 숙이면
다다를 곳에 있지만
라디오에서 들려오는 소리의 파장은
마치 파문을 거리듯 둥글고 느리게 퍼져 갔다
바람이 슬픈 눈물을 흘리던 날
사선을 그으며 떨어지는 빗줄기는
아직도 끝나지 않은 내 미련의 보퉁이를
자르고 뜯어내어
차가운 칼끝으로 헤집는다
카타르시스를 느끼듯, 탐욕의 덩어리는 사라지고
타다닥 타다닥 타들어가는 불꽃이 시린 가슴을 끌어안는다
파리해진 입술로
하염없이 되뇌는 말… 그대를 사랑합니다

여름, 어느 날

숨죽인 채송화 나지막이 불러내어
목 축여 주려고 입술 내밀다
처마에 맺힌 빗물 한 방울 떨어졌다

웅숭깊어진 뿌리 끝이 붉어질 때
줄기에 달린 꽃잎은 살포시 눈을 뜬다

그늘이 숨어버린 오후를 기다려
꽃잎은 속살 감추고 한나절 동안 하늘 품어
손톱만한 방에 몸 낮추고 씨앗을 잉태한다

파리하게 떨고 있는 풀꽃
미동이 땅속으로 전해져 따스하다

땀방울 맺힌 흙냄새 덮고 갈증 나는데
널브러진 봉선화 속이 터져 나온다

불어오던 바람에 갈래머리 나풀거리며
처마 끝에 머문 햇살이 눈부신 오후

작은 발가락 꼬무락거리면
꽃잎 하나 피어나는 손바닥
영그는 우주는 생명선 따라 접었다 편다

와락 뿌리 끝이 시리다 I

온 몸 찢어 꽃 피우면
너의 눈길 끝까 하여
뿌리 끝에 아껴 둔
물 끌어 올려 꽃을 피웠다

더운 여름
내 곁을 지나면서
떫은 미소 한 조각
던져 주지 않더니, 어느 날
파닥이는 절규를 보았나 보다

"어머 꽃이 피었네"

와락 뿌리 끝이 시리다 Ⅱ

1
나무의 살을 이끼가 덮고 있다
나무의 몸은 가려워서
바람의 손을 빌어 벅벅 긁고 있다
길을 지나다 이끼 낀 나무를 만나
왜 이끼에게 몸을 내어 주었는지 물었더니
이끼가 나무의 치부를 덮어 주는 것이라고
제 몸에 흉터가 많아 이끼를 떼어 낼 수 없다고

2
아침이슬 내려앉은 길을 걷다가
풀잎 끝에 맺힌 눈물을 보신 적 있나요
그것은 숱한 사람들의 아픔이 이슬로 내려앉은 것입니다
놓아 주지 못하고 마음으로 꼭 붙들고 있어서
그래서 아프고 고통스러운 것입니다
마음에 이끼가 낀 것이지요
내게도 마음이 이끼 낀 나무 같은 날이 있었습니다

3
하늘이 맑은 어느 날
나무의 이끼는 말끔히 사라졌다
나무는 자연치유自然治癒를 했다
그런데 나는 이끼 낀 마음의 뿌리를 어루만지고 있다

종종, 꿈을 꾼다

뱉은 숨을 들이 마신다
폐부 깊숙이
호흡이 느려진다
내 몸은 공기를 가득 집어 삼킨 풍선
행선지 없는 여행을 떠난다
아래를 내려다보니
손차양을 하고 올려다보는 아이가 있다
어젯밤 그도 날아가는 꿈을 꾸었을 것이다
몸은 좀 더 가벼워져
상승기류를 타고 올라간다
바람이 세차게 불어 흔들린다
궤도를 이탈할 걱정이 없고
공기의 흐름에 저항할 이유도 없다
바람에 몸을 맡긴 나는 말 없는 나그네새
하늘을 부유하다 지쳐
마신 숨을 조금씩 뱉어낸다
몸은 점점 하강기류를 타고 아래로 떨어진다
바람이 빠진 풍선은 날개가 없다
바람을 빼낸 몸도 날개가 없는 건 마찬가지다

우리의 계절은 한 번도 만난 적이 없었다

나는 가을낙엽 붉은 길 위에 있고
너는 봄 햇살 좋은 창가에 있었다
우리는 아날로그 회로로 소통을 했고
너의 부재는 끊길 듯한 신호음 속으로 빨려 들어갔다

가을의 내 산책길과
봄의 너 산책길은 하얀 종이 위에 엇갈리는 선 같았다

내가 보았을 태양과 네가 보았을 태양이
우리의 시간을 이어주지 못했고
네가 건넨 달콤한 속삭임은
차갑게 식은 나의 마음을 뚫지 못하고 딱딱하게 굳어 버렸다

꿈 속 너와의 조우
우산 없이 걸어가는 젖은 발자국
눈물과 빗물이 서로 엉켜
일그러진 얼굴 사이로 드러난 까만 증오

우리는 어떤 방식으로도 만나면 안 되는 거야
서로에게 비수를 꽂을 테니
적당한 거리와 적당한 시간차를 두면서
서로의 부재를 아무렇지도 않은 듯
그렇게 무덤덤하게 흘려보내는 거야
저 계절이 종이처럼 구겨질 때 우리는 길을 잃고
헤매게 될 테니

유희 遊戲

만약에 말이야
과육이 풍부한 사과 속에서
물고기의 뼈가 나왔다면
그 물고기는 어떻게 사과 속으로 들어간 걸까

그건 말이야
달님도 잠든 한밤중에 금빛 일렁이는 바닷물이
사과나무를 샤워시키고
사과에 바늘만한 구멍을 만들어
물고기 알을 몰래 밀어 넣으면
사과는 물고기를 잉태하여 점점 배가 불러오는 거야
그 속에서 물고기가 자라게 되는 거지
이건 동화 같은 이야기야
어릴 적 꿈속에서 하늘을 나는
꿈을 꾸는 것과 다를 것 없는 이야기

상상은 언제나 날개를 달고
꿈은 우주로 뻗어 갔어
생각만 하면 무엇이든 다 할 수 있어
하늘의 달도 내가 마시는 물잔 속에 가둘 수 있어
이 얼마나 재밌는 일이니
이건 상상놀이야
어른이 되어서도 할 수 있는 놀이
어른들도 가끔은 이렇게 쉬어가고 싶은 때가 있어

지치지 않는 소리

어둡고 건조한 터널을 달렸다
매미가 울어댄다

터널 끝에 닿자
밖에서 들려오는 소리가
매미를 삼켰다

흩어진 날개맥
바람이 불어 날려 버렸다

다시 터널에서 들려오는 소리
쫓아…
불을 끈다

고요한 밤
지칠 줄 모르고 울어대는 이명耳鳴

진공청소기

지름 5㎝관으로 빨려 들어가는 어둠
버려지는 것인가, 차르륵 차르륵 소리를 내며
깊숙한 미궁 속으로 잠입을 시도한다
소임을 다한 듯 미련한 모터가 멈추고
집결지에 모인 퇴적물이 쌓인다

먹혀서 사태파악 못하고 감금된 것들은
한 차례 탈출을 꿈꾸지만 헛일이다
순식간 220V로 압박하여 전류가 흐르면
표류하던 미세 입자들이 포획되었다

아침이면 거쳐야 하는 예처럼 식사를 한다
먹기 위하여 쏟아내 버린 화장실에서
이 닦고 하루를 세수하고 수건으로 훔치다
시원하게 숨을 풀어 물을 내려버렸다

포만감에 헛구역질을 해대던 먼지 봉투
흡입의 여력을 재충전해야 할 차례다
진공은 채우기 위해 비운 틈
전선을 타고 바퀴를 굴리며 쓸고 간 자리마다
개미행렬 남긴 페로몬 자국이 늘어 서 있다

치유治癒하는 시간

진실은 어둠 저편에 숨어 있고
거짓은 마치 진실인 양 혀를 날름거린다
좁고 긴 통로가 있다
까만 어둠 속에서 가늘고 밝은
한 줄기 빛이 선처럼 이어져 있다
길을 따라 뚜벅뚜벅 걸어간다
빛의 사각은 어둠일까 절망일까
소리는 빠른 속도로 스쳐가고
단절된 마음은 등을 돌린다
마음에 혀끝이 스치면 푸른 멍이 든다
나에겐 상처를 어루만져 줄 시간이 없었다
그에게서 도망치는 것만이 자신을 지킬 수 있다고 생각했다
그를 벗어나는 것이 나를 위한 처방이었다
나를 어루만져 주고, 소독하고, 새살이 돋는 시간
기운을 차리고
긴 어둠의 통로를 다시 거슬러간다
한 줄기 빛보다 선명한
환하고 따사로운 문이 열린다

침묵 바이러스

나는 가만 있고 싶은데
시간은 바삐 흘러간다
지구도 바쁘게 돌아가고, 스치는 그림자도
하루에 수십 번이나 바뀐다
시곗바늘이 졸음을 참으며 돌아간다
조금이라도 게으름을 부리면
과거와 현재가 뒤죽박죽 얽힌다

발끝 그림자가 모습을 바꿔가며 움직인다
짧아졌다 다시 길어진다
종이 끝에 스친 상처가 눈에 들어온다
마음의 상처가 더 아플까
몸에 스친 상처가 더 아플까
나를 휘감고 있던 슬픔은
보푸라기 되어 날아다니다 먼지처럼 사라진다

날아가는 새의 겨드랑이에서 찬바람이 분다
잎을 떨구어낸 가지들은 헛헛함에 몸살을 앓고
나무 끝에 매달려 수분 빠져 초췌한 홍시같이 쪼그라든 마음
펌프질을 해도 박동소리는 약하게 들린다
메트로놈처럼 까딱 까딱
시계추처럼 흔들흔들
너의 마음도 그렇게 흔들리다 고요 속으로 사라졌다

탄식

밤하늘에 낚싯대를 드리운다
잘 마른 햇살도 부끄러운 듯
자태를 감추어버린 하늘 호수
명멸하며 지나던 비행기가
호수를 흐려 놓는다

또다시
낚싯대를 드리운다
팔딱이는 은빛물고기
비늘을 떨구며 저항한다
눈빛이 슬프다
나도 누군가에게 비늘 파닥이며
마음을 구걸한 적은 없었던가

티닌을 기다리다

발걸음을 옮길 때마다 절규하는 그림자
나는 한 손을 들어
달려오는 헤드라이트 불빛을 막았다
약속시간을 이십 분이나 넘기고도 오지 않는 그는
오늘도 내 시간을 도둑질해 갔다
골목길을 돌아가는 어스름한 명도(明度)가
무겁게 높아진다
덜거덕덜거덕 들려오는 소리가
호흡과 호흡 사이를 마비시킨다.
떨리는 눈동자는 소리를 쫓아간다
살기를 흘리며 주린 배를 채우러
쓰레기통을 뒤지는 비루먹은 개 한 마리
비린내 나는 생선 대가리를 물고
비척비척 짙은 어둠 속으로 묻힌다
제 소임을 다한 끝은 저런 건가
유기(遺棄)된 채 골목을 배회하고
그러다 흔적 없이 사라지고
발을 담고 있던 신발이
어느 날 쓰레기통으로 던져지듯이
어릴 적 아끼던 인조 진주목걸이가 낡아서 버려지고
팔, 다리 길쭉한 바비인형이 허리가 꺾인 채 버려지듯이

유기된 것은 입이 없는 건가
까만 어둠 속에서 두 개의 눈동자가
전조등 불빛을 화살처럼 쏘아대며 다가왔다
내 시간을 훔쳐간 티닌*이었다

*티닌 : 시인이 만든 가상의 인물

할머니 그림자는 사라졌다

할머니와 한 방을 썼다
재떨이 찌든 살담배 냄새가 싫었고
머리맡 요강에서 나는 지린내가 역겨웠다
멍든 지폐 한 장으로 잔술이라도 마신 날은
할머니 손마디마다 스민 노래를 불러냈다
바람이 물고 늘어진 젖무덤도 풍화작용하고
들숨과 날숨에 잔주름만 일렁거렸다
찬바람 불어 살을 에던 겨울 지나도록
이른 저녁밥 물에 말아 비우고도 허전한 허리춤
독 안에 둔 배를 꺼내 숟가락으로 득득 긁어먹었다
할머니의 살 비늘을 긁을 때마다
마른 낙엽 서걱거리는 소리 들렸다
잠결엔 입 안 가득 오물오물
할머니 먹다 남은 배 껍질에 단물이 고였다
대청마루에 먼지 한 톨 떨어진 것조차 따라다니며
걸레를 놓지 않던 할머니의 노랫가락
서산에 지울 수 없는 그림자는 노을이다
어느 후더분한 여름날 땀내 나는 공기 헤집고
곰방대 끝에 올린 석양에게 술잔을 기울이고 있었다

우주에서 가장 작은 방의 시 이야기

조명제(시인, 문학평론가)

1
　청신한 바람결의 오선지 위에 나비들이 날아오른다. 우주에서 가장 작은 집, 테라스가 있는 가장 작은 방, 거기 허인숙 시인의 청신한 바람결의 문장이 피어나고, 자음과 모음의 날갯짓이, 우주를 향해 열려 있는 꿈의 테라스에서 시의 집을 짓는다. 프랑스의 박물학자 뷔퐁은 '글은 그 사람의 인격을 나타낸다'고 하였다. 글 속에 그 사람의 인격, 이를테면 성격이나 배움, 삶에 대한 철학적 사상, 됨됨이와 가치관 등이 담겨 있음을 뜻하는 말일 것이다. 문학적인 글에 있어서는 감성적 특성과 언어 감각적 자질까지도 내장되어 있기 마련이다. 허인숙 시인의 시를 읽는 동안 내내 그의 문장, 문체에 대한 신선한 인상을 지울 수 없었다. 형상력이 두드러지면서도 세련되고 자연스러운 호흡의 문장은 허인숙 시인의 시적 단련과 독자적 세계관의 내력을 넉넉히 짐작하게 한다.

번잡한 생각들이 빨래처럼 펄럭인다
생각의 귀퉁이 한 올을 당겨서 술술 풀어내면
풀린 실올들이 민들레 홀씨처럼 흩어진다

빗방울이 바닥을 치며 튕겨 올라
또로록 나의 발등에 입술을 댄다
차가운 혀끝이 스치니 몸소름이 돋아난다

쓰디쓴 사랑에 시럽을 크게 한 스푼 넣으면
뇌가 녹아내릴 만큼 달달한 사랑이 될까

나는 늘 감정의 반을 드러내지 못하고
마음의 창고에 저장한다
반쯤 남아 있는 내 그릇은 채우는 대로 물들어 간다

늦은 가을 어느 날 흩어지는 낙엽 한 장
살포시 내려앉아 잇속을 드러내고
또 어떤 날은 뚜벅뚜벅 발자국 소리 들리더니 발도장을 찍는다
나는 찍는 대로 모양이 남는다

생각의 끝을 한 번 꼬아서 붙여
앞만 보며 달려가다 보면 원점으로 돌아온다

안과 밖을 구분할 수 없는 우리는 뫼비우스의 띠
우리는 반으로 잘라도 떨어질 수 없어
오히려 더 큰 원이 되는 거지
무섭지 않니

복잡한 생각들은 실타래에 눈덩이만한 뭉치를 만들고
여기저기 흩어진 편린들은 어둠이 내리자
발걸음을 집으로 돌려 아직 온기가 남아 있는
식탁에 앉아 재스민차를 마신다
나의 방 안에 촛불을 밝혀 둘게요 오실래요
 ─「내 얘기 들으러 오실래요」 전문

 시상詩想의 전개도 전개이지만, 우선 시를 우려내는 문장을 선보이기 위해 전문을 인용해 본 것이다. 세련되고 유려한 문장은 허인숙 시인의 시편들이 누리고 있는 축복이다. 중요한 것은 문장이 유려하면서도 그것이 지나치지 않는다는 사실이다. 우리는 때로 시의 문장이 너무 유장하여 시 텍스트의 의미를 약화시켜 버리는 경우를 보아 왔다. 시적 의미의 미덕을 헤치지 않는 정도에서 문장의 유려한 세련성을 지켜 낸다는 것은 시적 형상화의 격조와 득의得意의 경지에 이르렀음을 뜻한다. 시인의 머릿속을 채우고 있는 무진장한 이야기는 아름다운 상상을 만들고, "생각의 끝을 한 번 꼬아서 붙여/ 앞만 보며 달려가다 보면 원점으로 돌아온다/ 안과 밖을 구분할 수 없는 우리는 뫼비우스의 띠"라는 놀라운 지점에 이른다. 그리고 나아가서 "우리는 반으로 잘라도 떨어질 수 없어/ 오히려 더 큰 원이 되는 거지/ 무섭지 않니"처럼 시인의 사유와 상상력은 진여眞如의 위상에서 노닌다. 뭉게구름처럼 피어나는 생각들은 우주를 향해 열려 있는 지상의 작은 방을 불 밝히고, 대화의 상대를 기다린다. 그러니까 '꿈이 있는 다락방'에서 '그대에게 보내는 서시序詩'를 쓰며, '끝없는 이야기'로 대화하기를 희원한다. 테라스가 있는 지상의 작은 방은 상상력의 창고이며, 순미純美한 이야기가 실타래로 쌓여 있는 공간이다.

11시 05분
나무계단에 쭈그리고 앉아 열린 창을 통해 밤하늘을 본다
희뿌연 달의 양 볼이 빨개진다
다락방으로 이어진 나무계단에는 새싹이 자란다
새싹은 벽을 타고 뻗어가다
태몽에서 본 뱀처럼 몸을 휘감다 사라진다
사라진 새싹이 귀에서 삐죽삐죽 돋아난다
돋아난 싹에서 꽃이 핀다

꿈을 꾸었다
다락방으로 이어진 계단을 오른다
두 자매가 사는 공간을 드림층이라 부른다
그들의 공간은 언제나 연회장이다

달빛이 들어와 천장에 오선을 그린다
부양하듯 떠올라 천장에 발을 딛는다
홀 속으로 빠져든다
음악소리가 파문을 그리며 퍼져간다

계단을 내려온다
새싹은 계단에서 화석이 된다
잠에서 깨어보니
벽에 걸린 시곗바늘이 숨차게 달려가고
주위엔 나비들이 날아다닌다
―「꿈이 있는 다락방」 전문

 시인은 초현실적 꿈의 환상이 나비처럼 날아다니는 자신의 작은 다락방으로 세계를 교감할 대화의 상대를 향하여 채널을 열어 놓는다. 때로 감미로운 음악이 흐르는 거기에는 아름다운 긍정과 기다림이 있고, '단풍처럼 깊어지는 마음'(「그대에게 보내는 서시」)이 있다. 시인은 그러나 말 걸기의 채널을 일방적으로 조절하지 않는다. "그대의 눈을 통해/ 나의 행복해 하는 모습을" 보고 싶은 쌍방간의 대화[소통]와 교감을 유도한다. 그것이 어떤 형식이든 대화와 교감은 한 인간의 성숙과 자아의 환생을 상징한다. 인간은 혼자로서는 성장할 수 없으며, 인격적 존재로 온전히 성숙할 수 없다. 타자와의 관계, 곧 대화의 형식을 통해 한 인격적 존재로 거듭난다. 대화는 고전古典으로부터 당대의 명저名著나 사람들과의 관계 속에서 두루 이루어진다.

 M. 하이데거는 「횔더린 시의 해명」에서 "우리[인간]는 하나의 대화이다. 인간의 존재는 언어에 근거하고 있으나, 언어는 본래 '대화'에서 비로소 생기生起한다."라고 말한다. 이 말은 "인간은 많이 경험하였다/ 많은 신神들의 이름이 불리어진 것은 우리가 하나의 대화이고/ 서로서로 들을 수 있게 된 이래以來의 일이다"라는 횔더린(1770~1843)의 미완성 시의 한 대목에 따른 해명이다. 하이데거는 "대화는 언어가 실현되는 한갓된 방식에 불과한 것이 아니요, 오히려 언어는 대화로써만 본질적일 수 있다"라고 강조한다. "우리가 하나의 대화이고 서로서로 들을 수 있게 된 이래"에서, 들을 수 있다는 것은 자기의 내부에 다시 언어의 가능성을 열고, 그것을 필요로 할 수밖에 없는 조건적 상황을 말하는 것이다.

 눈 감아 볼래요?
 그대를 위한 세레나데를 불러 줄 순 없지만
 하루의 끝에 앉아 그대와 함께 감미로운 음악을 들으며
 달콤하게 하루를 마무리 할 수 있으면 좋겠어요.

 손 내밀어 볼래요?
 그대와 함께 두 손 깍지 끼고
 초록이 푸른 들판을 마구 달리다
 숨이 턱밑까지 차오르면 서로 끌어안고, 서로의

호흡을 느끼며 웃을 수 있으면 좋겠어요.

나를 봐 줄래요?
웃는 모습만 보아도
단풍처럼 깊어지는 내 마음을
발그레한 얼굴로 수줍게 보여 주고 싶어요.

귀 기울여 볼래요?
그대 가진 마음 중 한 개만 주어도 감사히 받으며
이따금씩 들려오는
휴대폰 건너 목소리에도
두근거리는 이 마음을 들려주고 싶어요.

전해 줄래요?
그대의 눈을 통해
나의 행복해 하는 모습을 보고 싶은데
곁에 없는 그대에게 작은 바람 하나
잔잔한 바람결에 그대의 마음
한 조각 살포시 띄워 보내줄래요?
-「그대에게 보내는 서시」 전문

하이데거는 말할 수 있다는 것과 들을 수 있다는 것은 동근원적同根源的이라고 말한다. 그러니까 우리가 하나의 대화라고 하는 것은 관계의 국면에서 서로서로 들을 수 있음을 뜻하는 것이다. '내 얘기 들으러 오실래요'라는 언술은 들음으로써 말하고, 말함으로써 듣는, 곧 서로서로 듣는 대화의 양식을 함의하고 있는 것이다. 「그대에게 보내는 서시」에서 화자는 곁에 없는 '그대'를 향해 끊임없이 말을 걸고 대화한다. 대화의 상대가 눈앞에 없어도 시인은 가장 감미롭고 아름다운 대화의 형식과 국면을 창출하여 보여주고 있는 셈이다.

 초저녁 서쪽하늘 초승달 떠 있다
 자작나무는 초승달을 사모했다
 초사흗날 머물다 떠난
 달그림자를 끌어안고 울었다
 지축을 흔들던 포효咆哮
 달을 보며 품은 연정戀情이 가지마다 열꽃을 피웠다

 가지를 뻗어 하늘을 오르고 싶었다
 가지 끝으로 허공을 저었다
 가지 끝에 잡힌 것은 바람의 살결
 바람의 노래는 위로가 되지 않았다

 초저녁 산기슭 자작나무 서 있다
 초승달은 하늘아래 자작나무의 연가戀歌를 들었다
 가슴은 부풀고 몸은 차올랐다
 매일 모습이 변했지만 자작나무를 향한
 사랑은 변함이 없었다
  -「끝없는 이야기」 부분

테라스가 있는, 우주 가운데의 지상에서 가장 작은 시인의 방은 무한한 상상력과 이야기의 공간이다. 뫼비우스의 띠처럼 안이 밖이고 밖이 안인, 우주에서 가장 작은 시인의 방은 결코 작지 않다. 대화적 국면의 무궁한 스토리텔링, 무궁한 시적 담론에 토대한, 유연한 가변성의 확장성을 가진 방이기 때문이다. 시 「끝없는 이야기」는 초저녁 서쪽 하늘에 뜨는 달과 산기슭의 자작나무가 어울린 풍경을 연정戀情의 이야기와 이미지로 결구한 역동적인 작품이다. 시인의 상상은 초승달과 자작나무의 연정을 꾸며 내고, 그 정황을 격정의 스토리로 형상한다. 초승달을 연모하는 자작나무는 "가지를 뻗어 하늘을 오르고 싶었다/ 가지 끝으로 허공을 저었다/ 가지 끝에 잡힌 것은 / 바람의 살결/ 바람의 노래는 위로가 되지 않았다"에서 보듯, 초승달을 향한 자작나무의 열도는 격정적이다. 자작나무의 연가를 들은 초승달은 가슴이 부풀고 몸은 차올라 보름달이 되는 호응을 보였다가는, 나날이 모습이 변해 가지만 '자작나무를 향한 사랑은/ 변함이 없었다'. 자작나무는 달의 모습이 자꾸 여위어 가고, 어느 날에는 어둠 속에 몸을 완전히 숨기고 감추어 버리는 까닭을 알지 못한다. 시인은 이 두 작용적 정황을 생동하는 연정 스토리로 변용해 놓은 것이다. 그런 다음 "다시 초저녁 서쪽하늘 초승달 떠 있다/ 하늘 아래 산기슭 자작나무 서 있다/ 초승달은 살포시 자작나무 어깨에 걸터앉았다"라는 온기 있는 표현으로 마무리 짓는다.

2

가을걷이 끝난 허허로운 벌판에
서리 맞아 시들해진 배추
시금치에게 푸념을 늘어놓는다
잎이 푸르고 무성할 때 인기 대단했네
갖은 양념으로 잘 버무려 수육 올려놓고
새우젓에 쌈장 찍어 곡주 한 잔 곁들이면
수랏상 부럽지 않다고들 했다네
그런데 속이 덜 차 모양새가 초라하다고
밭고랑에 이렇게 남겨졌지 뭔가
잠자코 있던 시금치, 나는 말일세
겉모양이 초라한 것도 억울한데
아이들이 싫어한다고 칼로 다지질 않나
서리 맞아야 달고 맛이 난다고
추운 날에도 한뎃잠을 재우지 뭔가
지난 가을 자네들 보고 부러웠네
그래도 뜨거운 물에 살짝 데쳐
참깨에 참기름 오물조물 무쳐 놓을 때
얇고 탄탄한 김에 고슬고슬한 밥 올려놓고
당근이랑 어묵 여러 채소 한데 모여
돌돌 김밥으로 돌아갈 때가 참으로 좋다네
듣고 있던 배추 이맛살을 찌푸리며
자네와 내가 뜨끈한 된장국에 어우러져
찜질이라도 할 수 있으면 좋겠구려
저기 보시게, 오늘같이 눈 내리는 날

손이 광주리 들고 다가오는 발자국소리
-「배추와 시금치」 전문

 허인숙 시인은 그의 시 도처에서 사물이나 정황의 생동감과 친밀감을 위해 의인화의 기법을 바탕에 깔아 놓는다. 「배추와 김치」는 대화적 담론형식의 구체성을 띤 작품이다. 사물의 특성과 정황의 대화적 재현은 시적 담론의 입체적 질량을 제공한다. 시인은 밋밋하고 평면적일 수 있는 일상적 풍경의 정보를 대화적 담론형식을 통해 유혹적 환경으로 전이轉移시킨다. 시인의 대화적 국면의 시 쓰기는 오히려 유희적 상상력에서 폭발적이다.

만약에 말이야
과육이 풍부한 사과 속에서
물고기의 뼈가 나왔다면
그 물고기는 어떻게 사과 속으로 들어간 걸까

그건 말이야
달님도 잠든 한밤중에 금빛 일렁이는 바닷물이
사과나무를 샤워시키고
사과에 바늘만한 구멍을 만들어
물고기 알을 몰래 밀어 넣으면
사과는 물고기를 잉태하여 점점 배가 불러오는 거야
그 속에서 물고기가 자라게 되는 거지

이건 동화 같은 이야기야
어릴 적 꿈속에서 하늘을 나는
꿈을 꾸는 것과 다를 것 없는 이야기

상상은 언제나 날개를 달고
꿈은 우주로 뻗어 갔어
생각만 하면 무엇이든 다 할 수 있어
하늘의 달도 내가 마시는 물잔 속에 가둘 수 있어
이 얼마나 재밌는 일이니
이건 상상놀이야
어른이 되어서도 할 수 있는 놀이
어른들도 가끔은 이렇게 쉬어가고 싶은 때가 있어
 ─「유희」전문

 허인숙 시인의 대화적 소통 형식은 다양한 방법, 이 채로운 장치를 통해 독자적獨自的 결潔을 완성한다.「유희」는 마치 교사가 아이들에게 상상놀이 게임을 이야기하듯, 우리가 대화이고 서로서로 들을 수 있게 된 이래의 일처럼 즐거운 꿈의 상상놀이를 담론적 대화의 형식으로 구축한 작품인 것이다. '언어는 대화로써만 본질적일 수 있다'(하이데거)라고 하였음을 앞에서 언급하였다. 대화의 중요성과 위력은 소크라테스의 대화편을 재현한 플라톤의『파이돈』이나,『성경』을 폄하하고 과학적 진실을 강조하다 엄혹한 종교재판에서 목숨이 경각에 달렸던 순간에 '성서를 믿습니다'라는 자기 부정과 함께 서약서를 작성하고 화형火刑을 모면했던 갈릴레이 갈릴레오가 지동설의 상세한 근거를 입증하기 위해 마련한 장치로써 아리스토텔레스, 코페르니쿠스, 프톨레마이오스 등 통시대通時代의 3인을 동원하여 대화적 담론형식으로 구현한 저서 『대화』에서 상징적으로 드러난다. 갈릴레오의 『대화』는 인기 절정에 이르러 당시 집 한 채의 값으로 팔려 나가기도 했다고 한다. 물론 이 책 『대화』로 말미암아 갈릴레오는 다시 종교 재판정에 서게 되었고, 그 때에도 심신이 지칠 대로 지친 그는 자신이 이단異端이라며 사죄하는 자기 부정으로 화형은 모면하였다. 재판정을 나오며 '그래도 지구는 돈다'라고 했다는 말은 기록에는 없고, 다만 '진실'에 대한 입이 간지러워 견딜 수 없는 갈릴레오의 처지를 후대의 누군가가 말했을 것이라는 견해가 지배적이다.

장자莊子의 대화적 담론형식이 매혹적이듯, 허인숙 시의 대화적 담론형식의 시편들은 독자의 호기심을 자극하면서 아름답고 무진한 이야기 속으로 유인한다. '시는 언어에 의한 존재의 건축'(하이데거)이라고 하였듯, 시인은 먼저 언어에 대한 집요한 관심과 천착의 정신을 가져야 한다. 그런 점에서 허인숙 시인은 언어의 본질적 특성과 유희적 미학에 깊이 관여하고 있어 주목된다.

   책 속 언어들이 갑자기 술렁거리다가
   몸 밖으로 와르르 쏟아진다

자음과 모음은 분열을 하더니
각기 다른 형태소와 집단을 이루어
서로 다른 모습으로 변형한다

기차놀이하듯 꼬리에 꼬리를 물고
혀를 날름거리기도 하고 서로 조롱하다가
모습을 바꿔 원시언어가 되고
뜻 모를 문자로 수정(受精)한다

한동안 말장난을 하던 단어가 눈을 뜨고
손길 스치는 입술이 떨린다
'ㅂ' 과 'ㅣ'가 만나 '비'를 만들어
몸을 씻어내고 제자리로 돌아가 주위에 정렬한다

죽음으로써 형상화된 언어 서로 닮은꼴을 찾아
엇비슷하게 짝짓기를 하고
차바퀴에 깔려 압사 당한다
이른 아침 조간신문에서 모음의 부고를 접하고
울음은 지면에서 문자가 되어 웃고 있다
-[언어유희Ⅰ] 전문

신문을 뒤적이다 구겨진 단어들을 주워본다
자음과 모음의 결합으로 연애할까
궁합이 잘 맞은 단어는 신조어가 되고
궁합이 맞지 않은 단어들은 사전에서 사라지고

> 만남과 이별하는 것은 분명 이유가 있을 것이다
> 인연이 다했다고 이유가 없어져 버리는 것인가
> 아직 나는 끝나지 않았는데
> ―「언어유희 Ⅳ -이유」 부분

1960년대 소쉬르의 구조주의에서 언어는 최상의 기호이다. 언어기호는 차이를 기초로 의미의 단위를 형성한다. 언어의 최소 단위인 음소音素로부터 통사적 문장, 그리고 한 편의 글에 이르기까지 그것은 차이의 체계를 형성한다. 그 자체로 아무런 의미를 지니지 못하는 'ㄱ, ㅁ, ㅂ, ㅅ, ㅈ, ㅍ, ㄲ, ㅃ' 등의 음소는 이를테면 '굴'이라는 공통된 발화의 환경에 놓일 때, '굴, 물, 불, 술, 줄, 풀, 꿀, 뿔'처럼, 그로 말미암은 의미의 차이를 가져 온다. 모음도 '달, 돌, 둘, 들[野애]'의 예에서 확인되듯 변별력을 가지기는 마찬가지다. 우리가 쓰는 언어기호는 변별력의 검증을 거친 음소들의 체계적 결합에 의존한다. 그런 까닭에 하나의 음소가 확립되기 위해서는 수많은 변이음의 떼가 있어야 한다.

언어가 기본적으로 차이의 체계라는 것은 일상 속에서도 흔히 경험하게 되는 일이다. "어느 시인의 시집을 받고/ 정진하기를 바란다는 문자를 보낸다는 것이/ 'ㄴ'자를 빼먹고/ 정지하기를 바란다고 보내고 말았다/ 글자 한 자 놓친 것 때문에/ 의미가 정반대로 달라졌다/ 'ㄴ'자 한 자가 모자라/ 신神이 되지 못한 시처럼"(천양희 「글자를 놓친 하루」), "영월 깊은 산골 운

학리의 농사는/ 잘 영글고 있으리/ 밀꽃도 한창이리/ (*문자를) 보내기 전 다시 읽어 보니,/ '메'자를 빠뜨려 먹어 '메밀꽃'이 '밀꽃'이 되어 버렸네/ 밀꽃? 밀꽃! 밀꽃, 밀꽃 이 이쁜 말을/ 나는 왜 여직 시에 써먹지 못했을까"(조명제, 「해 있을 동안」) 같은 경우는 흔히 겪는 일이다.

옛날에 쓰이던 문자가 소멸되는 것은 글자가 없어지는 것이 아니고, 음소로서의 자질이 상실됨으로써 그 표기체계인 글자가 없어지는 것이다. 이 차이의 체계는 'ㅂ'과 'ㅣ'가 만나 '비'를 만들 듯, 음절과 형태소, 단어와 문장 등의 상위 단위로 이행됨으로써 통사적, 문단적 체계를 이룬다. 일반적인 문장이 갖는 차이의 체계를 바탕으로 다시 의미의 변화와 변용, 굴절과 확장 등에 의해 함축적 의미를 가지게 되는 문학 텍스트는 그러니까 '체계의 체계'라고 한다. 허인숙 시인이 야심차게 쓴 「언어유희」 연작은 이와 같은 언어기호의 특성과 차이의 체계를 전제로 이해할 것을 요구한다. 시인은 언어적 체계와 결합 방식을 삶의 여러 현상들, 이를테면 연애, 교통사고, 시작詩作 과정 등과 같은 여러 현상들과 결속하고 융합시킴으로써 당당한 연작을 만든 것이다.

이것은 설정이다
음악을 듣고 시집을 꺼내 읽고
이어폰을 끼고 베토벤 로망스 2번 F장조를 듣는다

> 책상에서 일어나 알파룸으로 자리를 옮긴다
> 팽팽해진 끈을 당긴다
> 조금만 더 힘을 주면 터질 것이다
> 잡은 끈을 놓아야 하나, 놓아버리면
> 깊숙이 잠든 시詩를 끌어 낼 수 없다
> 어렵게 끌어낸 한 행行은 비실거리다
> 키보드 자판 위로 흩어진다
> ―「언어유희 Ⅴ」부분

구조주의적 기호학에서 포스트구조주의로 이행해 가는 과정에서 후기의 롤랑 바르트는, 언어란 결코 명료하지 못한 것이며, 따라서 언어를 통해 독자가 분명한 진실이나 리얼리티에 도달할 수 없다고 믿었다. 그렇기 때문에 그에게 있어서 훌륭한 작가와 가치 있는 텍스트는, 언어의 그러한 속성을 인정하고 글쓰기를 통해 '유희(play)'할 줄 아는 작가와 텍스트를 의미했다.

그래서 후기 바르트를 비롯한 포스트구조주의자들의 연구는 초기 구조주의자들에 대한 정형화된 분석을 바탕으로 그 위에 기표記標의 물결을 뒤덮는다. 데카르트 이래 소쉬르에게 있어서 중요한 것은 기의記意였으며, 그것은 구조주의자들과 초기 롤랑 바르트에게까지는 중요한 입장으로 실천된다. 그러다가 후기에 와서는 기표와 기의의 관계가 전복되는데, 이것을 적극적으로 표방한 사람은 자크 라캉이다. 어떤 구조 속에서 서로

배타적이면서 공존하는 두 가지 실체나 개념을 이항 대립쌍이라고 할 때, 그 두 줄기의 상호작용을 라캉은 Sr/Sd(기표/기의)라는 형식으로 표시하면서, 기표의 우위를 주장한다. 기의란 언제나 제시된 기표의 밑바닥에서 끊임없이 '미끄럼'을 타는 그런 것이라고 한다. 이러한 생각이 나중에 보드리야르에 이르게 되면 기의는 사라지고 오직 기표만이 남아 있게 된다.

    자크 데리다는 기호 체계, 즉 글은 현존해 있다는 서구 형이상학의 전통적인 사고방식에 회의를 던지며, 근원과 현존의 부재를 주장한다. 만일 현존에 도달, 완전한 재현이 가능한 것이라면 모방이 필요 없어지고 따라서 예술이나 언어도 그 존재 가치가 없어지게 된다. 그러므로 완전한 현존이나 완전한 재현이란 불가능하다는 것이다. 왜 기호는 완전한 현존이 되지 못하며, 말 중심주의는 왜 틀린 것인가 하는 문제를 설명하기 위해 데리다는 프랑스어 동사인 'differer(차이나다/ 다르게 하다), to differ'와 '연기하다(지연시키다), to defer'의 두 가지 의미를 응용하여 '차연差延(differance)'이라는 신조어를 만들어 낸다. 공간적 개념인 '차이'는 언어와 그것이 재현하려는 것과의 숙명적인 차이를, 그리고 시간적 개념인 '지연'은 언어가 재현하려는 현존의 끝없는 유보를 의미한다. 즉 하나의 텍스트 속에서 어느 한 요소의 의미는, 그것이 연관과 맥락에 의해 그 텍스트 내의 다른 요소들과 상호 연결되어 있기 때문에 결코 완전히 현존할 수는 없게 된다.

따라서 그것의 의미는 영원히 '차이'를 갖게 되며 끝없이 '유보'되고 미끄러지는 것이다.

허인숙의 「언어유희 Ⅴ」는 시詩 혹은 시작詩作에서 팽팽한 기표의 유희적 긴장과 기의의 유보를 드러낸다. 「언어유희 Ⅱ」와 「언어유희 Ⅲ」을 비롯한 몇몇 시편에서 보이는 기표들의 유희와 기의의 유보는 시 텍스트 형성의 난제라는 주제와 맞물려 한층 고도한 창조성 작동의 한 양상으로 드러나 보인다. 시인은 시작에 있어서 절대적인 언어에 대한 탐구와 그 인식의 정도를 생경하게 드러내지 않고, 도저한 서정적 감각의 언어로 형상화한 점에서 시적 사유와 역량의 깊이를 가늠하게 한다.

3

우주에서 가장 작은 집 가장 작은 시인의 방에는 자음과 모음, 기표들이 자유롭게 떠다니고, 상상의 아름다운 꿈이 풍선처럼 떠도는 장면이 그려진다. 시인의 야무진 구상의 시가 그 방에서 빚어지고, 끝없는 이야기가 피어난다. 절대적인 진리와 중심과 근원이 유보되어 있는 오늘날, 일상은 시인에게 활발한 유희를 유발시키며, 현실은 곧 꿈의 속성을 띠게 된다.

뱉은 숨을 들이 마신다
폐부 깊숙이

호흡이 느려진다
내 몸은 공기를 가득 집어 삼킨 풍선
행선지 없는 여행을 떠난다
아래를 내려다보니
손차양을 하고 올려다보는 아이가 있다
어젯밤 그도 날아가는 꿈을 꾸었을 것이다
몸은 좀 더 가벼워져
상승기류를 타고 올라간다
바람이 세차게 불어 흔들린다
궤도를 이탈할 걱정이 없고
공기의 흐름에 저항할 이유도 없다
바람에 몸을 맡긴 나는 말 없는 나그네새
하늘을 부유하다 지쳐
마신 숨을 조금씩 뱉어낸다
몸은 점점 하강기류를 타고 아래로 떨어진다
바람이 빠진 풍선은 날개가 없다
바람을 빼낸 몸도 날개가 없는 건 마찬가지다
  -「종종, 꿈을 꾼다」 전문

시인의 환상적인 비상飛翔의 꿈은 유년시절 누구나 실제의 꿈에서 유사類似히 겪는 일이다. 대개 양 팔을 날개처럼 펼치고 하늘을 나는 것과는 달리 "내 몸은 공기를 가득 집어 삼킨 풍선"이라는 비유적 표현이 색다를 뿐이다. 행선지도 없이 자유로운 영혼이 되어 날며, 손차양을 하고 아득히 올려다보는 아이를 내려다본다. 아마 그 아이도 어젯밤 날아가는 꿈을 꾸었을 것이라는 믿음이 한층 몸을 가볍게 하여 상승 기류를 타고 올라가게 한다. 바람에 몸을 맡긴 나그네새, 하늘을 날던 자유의 새는 날개도 없이 떨어져 지상에 내린다. 시인의 작은 방은 순수한 꿈이 나비로 환생하는 곳이다.

   가을은 차양이 반쯤 가려진 창가에 내려앉았다
   습관처럼 밥을 먹고, 화장실을 가고 속을 풀어낸다
   허물을 벗겨낸 침대를 정리하고 계획 없이 하루를 시작한다
   노예처럼 사슬을 끌고 차 속에 몸을 던진다
   차들은 줄을 지어 달려간다
   거리를 오가는 각인각색의 사람들
   저마다 그림자 하나씩을 달고 분주히 걸어간다

   후드득 빗방울이 떨어진다
   우산이 없는 사람들은 가방을 받쳐들고 달려간다
   빗물이 튄다, 끈 떨어진 진주알처럼 흩어진다
   바람이 불어 은행잎이 날린다
   빗물 먹은 은행잎은 땅으로 내동댕이쳐진다
   ─「가을 소묘」 전반부

   쓸쓸한 가을날, 계획 없이, 무심한 도시 직장인의 기상起床과 출근길의 양상을 핍진하게 표현한 이 작품

은 유연한 문장이 실어 나르는 우울한 정서적 추이가 기대치를 증폭시킨다. 실존적 자의식도 없이 습관처럼 일과를 시작하고, "노예처럼 사슬을 끌고 차 속에 몸을" 던지는 화자[현대인]는 평준인간의 전형적 초상背像이나 다름없다. 시인은 「그리운 이름」에서처럼 이따금 연상의 방법으로 시상을 전개해 가기도 하는데, 이 「가을 소묘」에서도 후반부로의 전개가 기억의 연상을 통해 이루어짐을 보여준다. 연상의 연결고리가 되는 "내게도 빗물 먹은 은행잎처럼/ 내동댕이쳐진 날"이 지칭하는 것은 "차가운 시멘트 벽보에 걸린 대입시험 합격자 명단/ 찾을 수 없었던 이름"이었다. 눈앞이 흐려지고 맥이 풀리는 가운데 합격자 이름의 자음과 모음이 뒤엉켜 춤을 추듯 한다. 빨랫줄에 걸린 천처럼 펄럭거리고 홍시처럼 물컹거리던 그 날의 슬픔과 낙망을 잊을 수가 없다.

> 출근길은 눈부신 그를 쫓아가는 것부터 시작이었다
> 동공을 찔러댔고, 찔린 동공은 부옇게 흐려졌다
> 태엽 감긴 기억은
> 운동장에서 조회를 하다 비틀거리고 있었다
>
> 그날도 그로 인해 온몸을 뜨겁게 샤워하고
> 간신히 플라타너스나무 아래로 옮겨 피할 수 있었다
> 어느 날은 손바닥으로 가리고 벗어나려고 했다
> ―「그럼에도 불구하고, 그대를」 부분

우리들의 언행은 기억에 의해 유보되고 유전流轉된다. 지연되며 유전하는 인간의 일상은 지구의 자전과 공전에 따라 주기적 사이클을 이룬다. 하지만, 우리가 체감하는 일상의 양식樣式은 태양의 주기적 사이클에 편승한다는 느낌의 그것이다. 시 텍스트의 '그대'나 '그'는 물론 '태양'을 상징적으로 비유한 것이다. 일상인의 출근은 눈부신 태양의 떠오름을 따라 시작된다. 강렬한 태양은 그러나 우리의 동공을 찌르기도 하고, 운동장 조회에서 쓰러뜨리기도 하던 기억도 떠올리게 한다.

　태양의 주기에 따라 인간의 생체리듬과 존재 양식은 변화와 적응의 패턴을 형성한다. 시인이 "피할 수 없으면 뜨겁게 사랑하자/ 미명을 뚫고 환하게 얼굴을 드러낸다, 참으로 해맑다/ 그를 향해 우뚝 선 내 그림자는 길어진다"라고 한 것은 태양과 인간의 관계를 선명한 언어로 지혜롭게 설정한 방법적 성과로 읽힌다.

　　무대가 시작된다
　　불이 켜지고 관객들의 모습이 보인다
　　잔뜩 기대를 하고 보는 눈들
　　나는 어떤 얼굴로 무대에 서 있을까
　　시시때때로 모습이 변하는 나를 알 수 없다
　　천 개의 얼굴, 천 가지의 생각
　　나도 알 수 없는 페르소나
　　나의 신상자아

관객들은 다른 내 모습에 빠져든다
-「모노드라마」 전반부

인생은 무대에 오른 한 편의 연극 같은 것이라고들 한다. 화자는 다중 속 일상의 '나'를 무대 위의 주인공으로 상정하여 '나'의 진상眞相, 자아의 실상을 알고자 한다. 연극배우가 역할에 따라 달라 보이듯, "시시때때로 모습이 변하는" 자신의 진실을 알 수가 없다. "천 개의 얼굴, 천 가지의 생각/ 나도 알 수 없는 페르소나"를 관객인 타자는 제대로 알 리 없을뿐더러 "진실을 알고 싶은 것이 아니다".

그저 그들이 원하는 얼굴
그들과 비슷한 모습에 환호를 보내고
박수를 보낸다
그리고 치유를 한다

그러니 나는 누구인가 하는 회의는 정신분석학적 사유의 핵심 명제가 된다. 프로이드는 '자아는 자기 집의 주인이 아니다'라고 하였다. 자아의 탈중심성과 존재의 탈-존ex-sistence을 말하는 것이다. 자크 라캉은 『에크리Autre ècrits』에서 데카르트의 명제를 뒤집어 "나는 생각하지 않거나 나는 존재하지 않는다"라고 한 바 있다. 나와 자아, 현상적 자아와 내면적 자아, 상황적 자아와 실존적 자아 등등을 숙고해 볼 때, 나는 나를 알 수 없고, 나는 존재하지 않는 존재일 수 있다. 시인이 이 시 텍스트의 끝을 다음과 같이 맺은 것은 당연한 듯 현명해 보인다.

> 무대가 끝나고 불 꺼진 객석, 텅 빈 고요
> 다음날은 어떤 모습으로
> 관객의 마음을 울릴까
> 거울과 눈이 마주친다
> 너는 누구니

4

　허인숙 시인의 「바람의 아버지」, 「할머니 그림자는 사라졌다」, 「우리의 계절은 한 번도 만난 적이 없었다」, 「단상斷想」 등등 편편이 빼어난 수작들을 충분히 언급하지 못한 아쉬움이 크다. 미흡함을 독자 여러분에게 떠넘긴다. 허인숙 시인은 우주를 향해 열려 있는, 지상에서 가장 작은 집 가장 작은 방에서 순결한 꿈을 꾸며 시의 집을 짓는다. 그 방에는 청신한 바람결의 오선지 위로 나비들이 날갯짓하는 문장이 있고, 새 문장을 일으킬 자음과 모음, 시니피앙의 떠돎이 있다. 언어기호의 차이의 체계와 유희적 속성, 기표와 기의의 전복적 현상들이 그의 시 마당에서 전개된다. 그의 가장 작은 방은 뫼비우스의 띠처럼 안이 밖이고 밖이 안인, 가변적 확장성으로 말미암아 결코 작은 방이 아니다.

시인은 끝없는 이야기를 대화적 담론형식으로 구성하여 독자를 환상적인 꿈의 방으로 초대한다. 언어의 참된 형식은 대화이고, 대화로써만이 본질적일 수 있다. 대화적 담론형식의 중요성과 위력은 고대 성현들의 방법적 인식론에서 입증된 터이다. '우리가 대화이고 서로서로 들을 수 있는 이래의 일'로서 허인숙 시인의 시는 표현미학의 새로운 문법을 개척한 셈이다. "새해에 떠오른 태양이 여느 때처럼 보여도/ 다르게 볼 수 있고, 늘 새로움을 찾을 수 있는/ 신성한 눈을 주소서"(「새해에는」)라고 소원한 시인의 열망이 다시 큰 기대를 가지게 한다.*